Joseph Kardinal Ratzinger

Skandalöser Realismus?

Urfelder Texte

4

JOSEPH KARDINAL RATZINGER

Skandalöser Realismus?

Gott handelt in der Geschichte

VERLAG URFELD

Bibliografische Information Der Deutschen Bibliothek
Die Deutsche Bibliothek verzeichnet diese Publikation
in der Deutschen Nationalbibliografie;
detaillierte bibliografische Daten sind im Internet
über http://dnb.ddb.de abrufbar.

ISBN 3-932857-44-5
ISSN 1614-6999

2005, 3. Auflage

Umschlaggestaltung: Thomas Cojaniz
Satz: Urfeld Media
Fotos: K.I.G.-Archiv
Herstellung: Kreiter Druck Wolfratshausen

Mehr zum Programm unter: www.verlag-urfeld.de
Zeitschrift HEUTE *in Kirche und Welt:* www.heute-online.com

Vorwort

Am 18. September 2004 hatte sich Kardinal Joseph Ratzinger mit den Theologen der Katholischen Integrierten Gemeinde, die auch als Dozenten der „Akademie für die Theologie des Volkes Gottes" tätig sind, zu einem Gespräch getroffen. Beim Versuch, den von den Theologen über dieses Gespräch verfassten Text zu bearbeiten, wurde dem Kardinal immer mehr bewusst, dass die hier anstehenden Fragen nicht nur die Theologen der Integrierten Gemeinde betreffen, sondern, wie er in einem Begleitschreiben an mich schrieb, das Glaubensbewusstsein der Kirche in Deutschland und weit darüber hinaus berühren. Seinen Text „Jungfrauengeburt und leeres Grab. Eine Klarstellung" veröffentlichte er am 11. November 2004 in „Die Tagespost".

Wir möchten hiermit diesen Text in möglichst viele Hände und Herzen gelangen lassen; denn die Orientierung, die der Kardinal darin gibt, will nicht nur zu einem tieferen Verständnis unseres Glaubens und der Dogmen ermutigen, sondern auch zu einer heutigen Gestalt des Christlichen in „Lebensmodellen". So hat er über viele Jahre hin unseren Weg als einen Versuch in diese Richtung freundschaftlich und kritisch begleitet und die Akademie als einen solchen 'Ort' begrüßt. Deswegen fügen wir neben einigen Fotos seine Gedanken und Erwartungen an die Akademie hinzu, am Ende einige markante Texte aus seinem umfangreichen theologischen Werk.

Rom, am 1. Advent 2004 *Traudl Wallbrecher*

Jungfrauengeburt und leeres Grab.
Eine Klarstellung

Schon seit längerer Zeit, besonders aber seit dem Erscheinen des Buches von Rudolf Pesch „Über das Wunder der Jungfrauengeburt“ (2002), wurde immer wieder die Frage an mich gerichtet, ob denn die Theologen der Integrierten Gemeinde wirklich das Bekenntnis der Kirche zur jungfräulichen Empfängnis und Geburt Jesu („natus ex Maria virgine") und die leibliche Auferstehung Jesu annähmen. Da meine freundschaftliche Verbundenheit mit diesem Kreis von Theologen bekannt ist, war dies zugleich auch eine Frage an mich selbst, die ich nicht ungeklärt stehen lassen durfte.

Die Eröffnung der von der Katholischen Integrierten Gemeinde (K.I.G.) getragenen „Akademie für die Theologie des Volkes Gottes" gab dieser Frage eine zusätzliche Dringlichkeit. Deshalb habe ich die Dozenten der Akademie zu einem Gespräch über diese Grundelemente des Symbolum – des Glaubensbekenntnisses der Kirche – eingeladen.

Der Akademie hatte ich in meinem Grußwort zu deren Eröffnung schon die folgenden Sätze mit auf den Weg gegeben: „Die beiden wesentlichen Kennzeichen des biblischen Gottes sind Schöpfung und Offenbarung. Und beides gehört untrennbar zusammen. Offenbarung kann heilend und rettend nur sein, weil alles Gottes ist, von ihm als dem Schöpfer kommt. Heute gibt es bei aller Lobpreisung der Materie einen subtilen neuen Gnostizismus, der Gott die Materie wegnimmt. Gott wird letztlich auf die Innerlichkeit unserer Subjektivität reduziert. Die Religion gehört gerade nach der Vorstellung des Großteils der modernen Wissenschaft in den Bereich der Subjektivität: Da kann jeder empfinden und fühlen, was er mag. Aber die Welt der Materie – die objektive Welt, die gehorcht anderen Gesetzen, da hat Gott nichts zu suchen. Ein solcher Gott ist jedoch kein Gott, sondern nur noch ein Element der Psychologie und der Vertröstung.

Deshalb ist die Empfängnis Jesu aus der Jungfrau so wichtig: Gottes Geist kann Neues schaffen, in der leibhaftigen Welt, in die Welt des Leibes eingreifen. Und deswegen ist es so wichtig, dass Auferstehung nicht zu einem Interpretament verflüchtigt wird, während man den Leib Jesu im Grab verwesen lässt. Nein, die Materie ist Gottes; das ist gerade deswegen so zentral, weil unser subtiler Gnostizismus dies nicht mehr vertragen kann.

Als Harnack in der Berliner Fakultät versöhnlich zu seinem orthodoxen Gegenpartner Adolf Schlatter hin bemerkte, sie beide seien eigentlich ganz einig, es trenne sie nur eine Kleinigkeit, nämlich die Wunderfrage, rief Schlatter energisch dagegen: „Nein, uns trennt die Gottesfrage, denn in der Wunderfrage geht es in der Tat darum, ob Gott Gott ist oder ob er nur dem Bereich der Subjektivität zugehört."

Das unmittelbar nach der Eröffnung der Akademie in Aussicht genommene Gespräch fand dann am 18. September 2004 in Rom statt. Die Integrierte Gemeinde war durch sechzehn Personen vertreten, darunter Professor Dr. Rudolf Pesch, Professor Dr. Gerhard Lohfink, Dr. Ludwig Weimer, Dr. Arnold Stötzel, Dr. Peter Zitta.

Die Theologen der K.I.G. hatten mir als Basis für den Dialog eine Erklärung zugestellt, in der unter anderem gesagt wurde: „Der Glaube kann nicht zuerst mit dem Verstand ergriffen werden, sondern muss empfangen werden mit der Demut des bejahenden Hörens. Daher stellen wir unsere Ratio unter das formulierte Erfahrungswissen der Geschichte des Glaubens der Kirche. Wir glauben an die Präexistenz des göttlichen Logos und an die Menschwerdung des Sohnes Gottes in Jesus von Nazaret. Ebenso glauben wir, dass Maria, die Jesus empfangen und geboren hat, Jungfrau war und blieb. Es ist unsere Sorge und Mitsorge mit dem Lehramt der Kirche, dass die Lehre von der leiblichen Auferstehung Jesu, wie sie auch in der Überlieferung vom leeren Grab festgehalten ist, der Kirche unverkürzt erhalten bleibt."

Ich habe meinerseits das Gespräch mit einem längeren Statement eröffnet, dessen wesentliche Gedanken ich hier zusammenfassen möchte, weil sie meine Antwort auf die gegebenen Fragen darstellen.

1.

Da steht zunächst die Frage im Raum: Kann der Glaube uns Gewissheit über historisch Geschehenes geben, oder kann man über Historisches nur auf historischem Weg, durch die historische Forschung wissen? Wenn Letzteres der Fall wäre, bliebe alles, was im Glauben Geschichte betrifft, Hypothese, denn Geschichtswissenschaft kann ihrem Wesen nach nicht über die hypothetische Gewissheit hinausführen. Dem biblischen Glauben ist es aber wesentlich, dass er sich auf ein Handeln Gottes in der

Geschichte bezieht; ein der Geschichte beraubter Glaube wäre seiner eigenen Grundlagen beraubt. Aus Glaube würde 'Gnosis': Der Glaube könnte sich nicht mehr auf die Geschichte beziehen, sondern wäre auf die Sphäre des Spirituellen beschränkt. Er wäre denaturiert.

Dem biblischen Glauben ist es eigen, dass er von einem geschichtlich handelnden Gott redet, und deswegen gehören einige grundlegende historische Fakten zum Glauben als Glauben, dessen Gewissheit ganz anders geartet ist als die Wahrscheinlichkeit der Hypothese: Es ist eine Gewissheit, auf die man ein Leben bauen und für die man sterben kann.

Wenn Jesus nicht gelebt hätte und nicht am Kreuz gestorben wäre, wäre unser Glaube eitel. Wenn seine Verkündigung – unbeschadet des Streits um die Historizität und Auslegung einzelner Worte – nicht vom Anspruch der Gottessohnschaft geprägt gewesen wäre, wäre unser Glaube eitel. Wenn – wie eine exegetische Strömung meint – Jesus nicht am Abend vor dem Leiden in Brot und Wein sich selbst gegeben und demgemäß auch seine Jünger ermächtigt hätte, dieses sein Testament im Sakrament fortzusetzen, wäre die Eucharistiefeier der Kirche leere Fiktion.

Zu diesen grundlegenden historischen Gewissheiten des Glaubens zählen die Glaubensbekenntnisse der Kirche, auch die Jungfrauengeburt: Für die glaubende Kirche war es von Anfang an eine zum Glaubenskern gehörende Gewissheit, dass Jesus nicht aus der Verbindung eines Mannes und einer Frau hervorgegangen ist, sondern dass Gott ihn aus und in Maria, der „heiligen Erde ihres Leibes“ (wie die Väter sagen) als den zweiten Adam geschaffen hat, so dass er wahrhaft Sohn einer menschlichen Mutter und wahrhaft Mensch ist, aber doch auch und zugleich Anfang einer neuen Schöpfung, von Gott selbst auch biologisch herkommend.

Desgleichen gehört es zu diesen historischen Gewissheiten des Glaubens, dass Jesu Leib nicht im Grab geblieben und nicht der Verwesung verfallen, sondern durch die Kraft Gottes in die neue Leiblichkeit des Auferstandenen umgewandelt worden ist. Den apostolischen Zeugnissen war es wesentlich, dass Jesu Leib „nicht die Verwesung geschaut hat“, wie es die Pfingstpredigt des heiligen Petrus im Anschluss an Ps 15,10 (LXX) zweimal nachdrücklich betont. Petrus stellt dabei eigens heraus, dass dieser Psalmvers nicht auf David zu beziehen sei, da ja dessen Grab besucht werden könne. Erfüllt sei dieses Wort nur in Jesus, den Gott nicht der Verwesung und dem Hades überlassen habe (Apg 2,28–31).

Dieses auf dem Zusammenhang von Prophetie und geschehener Geschichte beruhende Stichwort von der Rettung des Leibes Jesu vor der Verwesung gehört zentral zum biblischen Auferstehungszeugnis und bleibt zentral in der Theologie der Väter. Es hat der Kirche die Glaubensgewissheit vermittelt, dass Jesus wirklich leiblich auferstanden ist, dass Gottes Handeln bis in den Leib hinein reicht; Empfängnis und Auferstehung entsprechen sich hier und geben dem Begriff der Inkarnation als des Eintretens Gottes durch seinen Sohn ins Fleisch und des Handelns bis in den Bereich des Leibes hinein erst seinen ganzen Sinn.

In beiden Aussagen geht es nicht um theologische Interpretation, sondern um Glaubensgewissheit, die dem theologischen Denken und Verstehen große Aufgaben setzt, aber auch eine Vorgabe schenkt, die dem interpretierenden Denken als von Gott geschenkte Gewissheit vorausgeht.

2.

Gegenüber allen diesen Aussagen, besonders aber gegenüber den Glaubensartikeln von der jungfräulichen Empfängnis Jesu und seiner Rettung vor der Verwesung, das heißt der Umwandlung seines Leibes in die neue Weise des Seins der Auferstehung hinein, erhebt sich heute der Einwurf: Aber dies alles ist doch durch das 'moderne Weltbild' ausgeschlossen. Angesichts einer solchen Scheingewissheit über die Implikationen des modernen Weltbildes ist zuallererst zu fragen:

Was ist denn das eigentlich, das 'moderne Weltbild'? Wer definiert es? Wie weit reichen seine Gewissheiten? Kompetente Gelehrte, zum Beispiel der jüdische Philosoph Hans Jonas, haben den Mythos des modernen Weltbildes inzwischen in seine Grenzen verwiesen und die daraus abgeleiteten unbefragten Scheingewissheiten aufgelöst. Entscheidend ist dabei die Frage: Gibt es Gott? Und – wer oder wie ist Gott?

Dem biblischen Glauben ist es eigen, an den lebendigen Gott zu glauben. Gott ist lebendig, das bedeutet: Er ist ein handelnder, ein hörender und ein sprechender Gott. Er ist der Schöpfer. Das All kommt von ihm. Aber er hat auch in der menschlichen Geschichte gehandelt und darin sein Gesicht gezeigt bis zu dem Punkt, dass er in der Menschwerdung des Sohnes selbst in die Geschichte eingetreten ist. Das All ist ihm mit der Schöpfung nicht entglitten. Er ist kein Willkür-Gott. Er respektiert die Gesetze der Schöpfung und die Freiheit des Menschen, die er selbst gestiftet hat. Aber er ist auch kein ohnmächtiger Gott, der nun nur noch im 'Geistigen', im 'Existenziellen' anzusiedeln wäre. Ein Gott, der nicht auch an der Materie handeln könnte, wäre ein ohnmächtiger Gott – die Materie wäre sozusagen eine dem Handeln Gottes entzogene Sphäre.

Diese Vorstellung ist dem biblischen Glauben, den das Bekenntnis der Kirche artikuliert, radikal entgegengesetzt. Sie spricht letztlich Gott das Gottsein ab. Deswegen ist es für den Glauben der Kirche nicht verwunderlich, sondern im Gegenteil konsequent und einsichtig, dass Gott in seinem zentralen geschichtlichen Handeln – in Menschwerdung, Sterben und Auferstehung des Herrn – seine Macht bis in die Materie hinein gezeigt, die Empfängnis Jesu im Mutterleib Mariens bewirkt und dass er wieder nach dem Begräbnis am toten Leib Jesu gehandelt, ihn der Verwesung entrissen und ihn in die neue Seinsweise der Auferstandenen hineingeführt hat, die Jesus selbst den Sadduzäern gegenüber als die Seinsweise der Söhne Gottes bezeichnet hatte (Lk 20, 36): Ihr Urbild und Anfang ist der auferstandene Sohn.

So wird sichtbar, dass es sich in den beiden genannten Glaubensartikeln nicht um irgendwelche marginalen Mirakel handelt, die man zugunsten eines reineren Glaubens besser beiseite lässt, dass vielmehr der Kern des Gottesbildes und der Realismus von Gottes geschichtlichem Handeln in Frage steht. Es geht darum, ob der Glaube wirklich in die Geschichte hineinreicht. Es geht darum, ob die Materie der Macht Gottes entzogen ist oder nicht. Es geht darum, ob Gott Gott ist und ob er wirklich in der Geschichte bis ins Leibliche hinein gehandelt und sich als Herr über den Tod erwiesen hat, der ja schließlich ein biologisches Phänomen, ein Phänomen des Leibes ist. Und so geht es darum, ob wir uns dem Wort des Glaubens anvertrauen können, ob wir Gott trauen und ob wir auf dem Grund des Glaubens leben und sterben können.

Im Anschluss an mein Statement entwickelte sich ein lebhaftes Gespräch, in dem von allen einhellig der leibliche Charakter der jungfräulichen Empfängnis wie der leibliche Charakter der Auferstehung Jesu als Aussagen des Glaubens anerkannt wurden.

Es wurde dann vor allem darauf hingewiesen, dass die Historizität dieser Ereignisse der Heilsgeschichte nicht in dem Sinn verengt verstanden werden dürfe, dass man sie ins bloß Historische, ins Vergangene abschiebt; es müsse vor allem erkennbar gemacht werden, dass dieses geschichtliche Handeln Gottes die Kirche wie den einzelnen Gläubigen immerfort als eine gegenwärtige Wirklichkeit angeht. Gott ist und bleibt der neuschaffende Gott, er ist der Sieger über den Tod. Geschichte gründet Gegenwart und eröffnet Zukunft.

Dr. Peter Zitta – Oberer der Gemeinschaft der Priester im Dienst der K.I.G. – fasste schließlich das Gespräch so zusammen: Im Glauben an die Jungfrauengeburt und an die leibliche Auferstehung Jesu Christi bekennen wir mit der Kirche, dass Gott in die Geschichte eingreifen kann und eingegriffen hat. Damit wächst ihr aber auch die Verpflichtung zu, in der aus diesen Ereignissen erwachsenden Geschichte der späteren Zeit bis heute das Handeln Gottes wahrzunehmen und es als solches zu verkünden.

Ich betrachte damit für meinen Teil die Fragen, von denen am Anfang die Rede war, als geklärt und bin zuversichtlich, dass die „Akademie für die Theologie des Volkes Gottes“ von dieser Orientierung her einen positiven Dienst für Glaube und Theologie in unserer Zeit leisten kann.

Die Villa Cavalletti in Grottaferrata bei Rom –

Ort der „Akademie für die Theologie des Volkes Gottes“

Auf dem Areal – ein ausgedehnter Park mit altem Baumbestand und vielen Wegen, Olivenhaine, ein Weinberg, Wiesen

Ein Gruß- und Segenswort zur Eröffnung der Akademie am 25. Oktober 2003

Verehrte und liebe Freunde!

Das Übermaß an Verpflichtungen, das in diesen Wochen über mich hereinstürzt, macht es mir leider unmöglich, persönlich zur Eröffnung der „Akademie für die Theologie des Volkes Gottes“ zu kommen, wie ich mir gewünscht und Ihnen versprochen hatte. So bleibt mir nur, Ihnen meine Gruß- und Segenswünsche schriftlich mitzuteilen.

Der Titel, den Sie Ihrem Unternehmen gegeben haben, schließt drei Grundbegriffe ein, in deren innerer Spannung und Zuordnung sich recht deutlich die Aufgabe abzeichnet, die Sie gestellt haben.

Da ist zuerst das Wort „Akademie“, das an den Ursprung der abendländischen Universität in der Schule erinnert, die Platon 385 v. Chr. im Tempelbezirk des Akademos gründete. Der eigentliche Sinn dieser Schule war es, im Geist des Sokrates nach der Wahrheit zu fragen, rechte Erkenntnis und damit den Weg zu rechtem Leben zu suchen – was freilich den Lebensvoraussetzungen der griechischen Welt gemäß in der rechtlichen Form eines Kultvereins geschah.

Dann folgt da der Begriff Theologie, was Rede von Gott oder auch Rede Gottes selbst bedeuten kann; jedenfalls ist „Gott" damit in die Mitte gerückt. Und schließlich steht da der dem Alten Testament entnommene Begriff „Volk Gottes", der noch einmal Gott als das eigentliche Subjekt voraussetzt, aber zugleich auf eine Geschichte verweist, die Gott mit den Menschen macht. Diese Geschichte reicht in die Schöpfungsidee Gottes zurück, sie nimmt Gestalt an mit Abraham und erreicht mit Jesus von Nazareth noch einmal eine neue Stufe. Nimmt man die drei Begriffe – Akademie, Theologie, Volk Gottes – zusammen und versucht, ihr inneres Beziehungsgefüge zu erfassen, so erscheint eindeutig der Blick Gottes als die Mitte des Ganzen.

Dazu treten aber die beiden Elemente Vernunft und Geschichte, also einerseits der Wille, den Zugang zu diesem Gott der gemeinsamen Vernunft aller Menschen zu eröffnen, andererseits aber die Verankerung der Wahrheitssuche in der konkreten Geschichte, die Gott mit den Menschen gemacht hat – oder noch praktischer: die Verankerung in der lebendigen Weggemeinschaft mit Gott, die wir Kirche nennen.

Ich möchte mich bei diesem Grußwort damit begnügen, etwas über die Zentralität Gottes, besser:

den Primat des Gottesglaubens in der Theologie zu sagen und dann noch ein Wort über die Kirche als Ort von Glaube und Theologie anfügen. In der langen Geschichte des Begriffs Theo-logie, der auch aus der griechischen Welt kommt, ist mir eine Situation besonders wichtig geworden. Der unbekannte Theologe des 5. Jahrhunderts, der sich hinter dem Pseudonym Dionysios vom Areopag versteckt hat, hat der abendländischen Theologie den Gedanken vermacht, dass Gott das wirkliche Subjekt der Theologie, nicht bloß ihr Objekt sei; die großen Theologen des 13. Jahrhunderts – Bonaventura und Thomas von Aquin vor allem – haben eindringlich mit dieser Aussage gerungen und mit dem Anspruch, den sie an den Theologen stellt.

Der Ausgangspunkt für diesen Wortgebrauch bestand bei Pseudo-Dionys darin, dass er die Verfasser der heiligen Schriften als „Theologen" im strengen Sinn des Wortes ansah – jene Menschen also, die nicht aus Eigenem redeten, sondern sich so Gott geöffnet hatten, dass durch ihr Wort er selbst zu den Menschen sprach, als redendes Subjekt in die Geschichte eintrat.

Weil es solche Menschen gab, gibt es in Menschenworten Wort Gottes, können wir Gott reden hören. Jemand ist demnach Theologe um so mehr, je mehr er sich dem Gottesverhältnis der heiligen Schriftsteller annähert und der Art und Weise, wie in ihnen Menschenwort und Gotteswort zueinander und ineinander kamen.

Gott ist das wahre Subjekt der Theologie und nicht ihr Objekt – das bedeutet demnach: Der Theologe muss zuallererst ein hörender, ein glaubender, ein betender Mensch sein, der Gott zuhört und Gott reden lässt.

Was Hans Urs von Balthasar über den Unterschied von kniender und sitzender Theologie gesagt hat, macht anschaulich, worum es hier geht. Wenn schon die Akademie Platons der Wahrheit nicht nahe kommen zu können glaubte ohne die kultische Verehrung der Musen, wieviel mehr müsste es sich für christliche Theologen verstehen, dass sich ihre Theologie vom Gespräch mit dem lebendigen Gott nährt und immer wieder in der Feier der Mysterien die gleichsam berührbar gewordene Gegenwart Gottes empfängt.

Villa Cavalletti hat wohl als mediterraner Garten manches gemeinsam mit dem Hain des Akademos bei Athen. Ihre Theologie, verehrte Freunde, sollte gerade diesen Grundansatz nie vergessen, den uns Dionys ans Herz gelegt hat: Gott selbst Subjekt der Theologie sein zu lassen, gläubige Erfahrung Gottes in Kult und Gebet mit ernster rationaler Mühe um die rechte Erkenntnis Gottes und des Menschen immer miteinander zu vollziehen.

Gott als Subjekt – das bedeutet, dass wir an einen handelnden und redenden Gott glauben. Die beiden wesentlichen Kennzeichen des biblischen Gottes sind Schöpfung und Offenbarung. Und beides gehört untrennbar zusammen. Offenbarung kann heilend und rettend nur sein, weil alles Gottes ist, von ihm als dem Schöpfer kommt.

Heute gibt es bei aller Lobpreisung der Materie einen subtilen Gnostizismus, der Gott die Materie wegnimmt. Gott wird letztlich auf die Innerlichkeit unserer Subjektivität reduziert. Die Religion gehört gerade nach der Vorstellung des Großteils der modernen Wissenschaft in den Bereich der Subjektivität:

Da kann jeder empfinden und fühlen, was er mag. Aber die Welt der Materie – die objektive Welt, die gehorcht anderen Gesetzen, da hat Gott nichts zu suchen.

Ein solcher Gott ist jedoch kein Gott, sondern nur ein Element der Psychologie und der Vertröstung. Deshalb ist die Empfängnis Jesu aus der Jungfrau so wichtig: Gottes Geist kann Neues schaffen, in der leibhaftigen Welt, in die Welt des Leibes eingreifen.

Und deswegen ist es so wichtig, dass Auferstehung nicht zu einem Interpretament verflüchtigt wird, während man den Leib Christi im Grab verwesen lässt. Nein, die Materie ist Gottes; das ist gerade deswegen so zentral, weil unser subtiler Gnostizismus dies nicht mehr vertragen kann.

Als Harnack in der Berliner Fakultät versöhnlich zu seinem orthodoxen Gegenpartner Adolf Schlatter hin bemerkte, sie beide seien eigentlich ganz einig, es trenne sie nur eine Kleinigkeit, nämlich die Wunderfrage, rief Schlatter energisch dagegen: Nein, uns trennt die Gottesfrage, denn in der Wunderfrage geht es in der Tat darum, ob Gott Gott ist oder ob er nur dem Bereich der Subjektivität zugehört.

Das macht die interdisziplinäre Auseinandersetzung, die Sie, liebe Freunde, sich vorgenommen haben, erst so recht spannend. Gott wieder als handelndes Subjekt erkennen, das scheint die allererste Aufgabe der Theologie, und von da aus muss dann über die Spezialisierung hinweg auch wieder Einheit der Theologie entstehen: Die verschiedenen Disziplinen der Theologie sind zusammen ein Fach, wenn sie sich wirklich alle auf Gott als ihr eigentliches Subjekt beziehen.

Lassen Sie mich zum Stichwort „Volk Gottes" nur noch eine ganz kurze Anmerkung anfügen. Der Subjektivismus im Religiösen, von dem ich eben sprach, hat als notwendige Folge den Individualismus im Glauben nach sich gezogen. Vor Gott sei jeder Mensch eine Monade, und nur jeder könne selbst entscheiden, was er über Gott erkennen und glauben kann: So denkt man heute bis weit ins Innere der Kirche hinein.

Das Gegenteil ist richtig: Gott ist die vereinigende Macht, die die Menschen aus ihren gegenseitigen Verschlossenheiten herausholt und zueinander führt. Das innerste Ziel der Offenbarung ist die Einheit der Menschheit. Christus kam, um die trennenden Mauern niederzulegen und uns zusammenzubringen. Er hat uns gelehrt, „Vater unser" zu sagen, und beide Worte sind gleich wichtig. Gott ist unser Vater, und wir werden dann recht, wenn wir uns vor ihm als Kinder erkennen. Keiner aber kann sagen: mein Vater, sondern Gott ist mein Vater nur eben dadurch, dass ich im Wir der Kinder stehe.

Der Ausgangspunkt der Integrierten Gemeinde war die Einsicht, dass zum Glauben Gemeinschaft, Gemeinde gehört. Die Begegnung mit Israel hat den Horizont geweitet: Die Gemeinde, die Gott für uns bereitet hat und die wir glaubend und ringend werden müssen, umfasst das ganze pilgernde Volk Gottes.

Ich will jetzt nicht das große Thema Israel – Kirche aufreißen, das zu den Hauptfragen Ihrer Arbeit gehören wird. Ich will nur den weiten Horizont andeuten, in dem Gemeinde gesehen und gelebt werden muss. Die Überlieferung hat dafür das Wort „katholisch" – allumfassend – gefunden.

Die Wahl des Ortes Ihrer Akademie in der Nähe von Rom drückt Ihren Willen zur Katholizität aus, für die uns der Nachfolger des heiligen Petrus Maßstab und Gewähr ist. Im großen Atem dieser Zeiten und Räume, Himmel und Erde umfassenden Gemeinschaft mitzudenken und mitzuleben, das gibt dem Abenteuer der Theologie seine Weite und seine Spannung.

In diesem Sinn wünsche ich der „Akademie für die Theologie des Volkes Gottes" von Herzen Gottes Segen auf ihrem Weg.

Joseph Cardinal Ratzinger

Emblem der Akademie
für die Theologie des Volkes Gottes
der Katholischen Integrierten
Gemeinden

Bei der Eröffnung der Akademie: Uraufführung von „Ihr werdet mein Volk sein", vorgetragen von Chor und Orchester der K.I.G.

Ihr werdet mein Volk sein

für Chor und Orchester, von Peter Schneider
zum 25. Oktober 2003

Ihr werdet mein Volk sein,
und ich werde euer Gott sein.

Ehe ihr ruft, antworte ich,
ihr redet noch und ich habe erhört.

Ich selbst will euch trösten,
an Jerusalem sollt ihr getrost sein.

Denn seht, ich gründe
den Himmel neu, die Erde neu.

Jerusalem, aus dir schaffe ich ein Jubeln,
aus deinem Volk ein Entzücken.

Ich habe dich geborgen im Schatten meiner Hand,
Tochter Zion, du mein Volk.

aus Jesaja 52;65

Eingangsbereich der Akademie, Bibliothek und einer der Lehrsäle

Ein Wort der Ermutigung zu dem Unternehmen „Akademie für die Theologie des Volkes Gottes"

Ich begrüße es, dass die Theologen der Katholischen Integrierten Gemeinde in der Villa Cavalletti bei Rom theologische Kurse als Ergänzung und Bereicherung der Arbeit der Theologischen Fakultäten und der sonstigen theologischen Bildungsstätten anbieten wollen.

Für die Theologie bedeutete das 13. Jahrhundert einen epochalen Übergang: Bislang war Theologie wesentlich an den Kathedral-Schulen und in den großen Klöstern betrieben worden; nun wurde die Universität zu ihrem eigentlichen Standort, wo sie in dem damals noch organisch zusammenhängenden Corpus der Wissenschaften ihren Platz fand und zusammen mit der Philosophie deren Fundament und Maßstab bildete. Die Theologie war damit in eine neue, weitreichende Verantwortung hineingestellt und zugleich zu einer ständigen Begegnung von Glaube und Vernunft herausgefordert, die dem Ernst und der menschlichen Größe des Glaubens nur nützen konnte.

Freilich ging damit auch eine Verschulung der Theologie Hand in Hand („Scholastik"!); die Verpflanzung in die „Schule" lockerte auch die Verankerung der Theologie in der Liturgie und in der gemeinschaftlich gelebten Erfahrung des Glaubens, wie sie in den Mönchsklöstern gegenwärtig gewesen war.

Im Lauf der Jahrhunderte hat sich dann das Bild der Wissenschaften als einer organischen Ganzheit zugunsten wachsender Spezialisierungen immer mehr verändert. Der siegreich voranschreitende Positivismus lässt für Viele zusehends die Theologie als einen Fremdkörper im Wissenschaftsbereich erscheinen.

Dennoch hat die Präsenz der Theologie an den Universitäten ihre Bedeutung behalten, ja, sie kann gerade heute sehr wichtig sein: Sie erinnert an die tieferen Fragen, ohne die die Wissenschaft ihren Zusammenhang mit der Ganzheit der menschlichen Existenz verliert und die Vernunft amputiert würde. Der Standort Universität bedeutet umgekehrt für die Theologie immer neu die Herausforderung, sich den Fragen der Gegenwart zu stellen und sich durch den Ernst ihrer Methode als nach wie vor „wissenschaftsfähig" zu erweisen.

Aber die Defizite, die der Übergang an die Universität gebracht hat, sind auf der anderen Seite immer weniger zu übersehen, und so zeigt sich immer mehr die Notwendigkeit ergänzender Standorte.

Die Theologen der Integrierten Gemeinde wollen versuchen, in zweifacher Hinsicht eine Ergänzung zur heutigen Form universitärer Theologie anzubieten.

Zum einen soll Theologie betrieben werden im Kontext der gelebten Erfahrung von Kirche, wie sie sie in ihrer Gemeinschaft empfangen. Diese Erfahrung von Kirche hat ihre besondere Farbe und Form, aber sie ist „kirchlich" eben dadurch, dass sie sich eingründet ins Ganze der Kirche und des Glaubens als einer uns vorangehenden lebendigen Wirklichkeit, die wir eben in der Gemeinschaft der Kirche empfangen. Der Glaube wird nicht in der Retorte akademischer Methoden gemacht, sondern ist als lebendige Realität von der Kirche aller Orte und Zeiten her da. Diese Erfahrung wird in der theologischen Reflexion durchdacht und vertieft.

Die zweite Besonderheit besteht darin, dass die Mauer der Spezialisierungen aufgebrochen werden soll, die unsere Theologie fragmentiert, so dass sie oft kaum noch als Einheit und Ganzheit erkennbar wird.

Ich hoffe und wünsche, dass die Arbeit, die sich die Akademie vorgenommen hat, ein Beitrag werden kann, der der Kirche in dieser Zeit der Anfechtung hilft.

Rom, 5. Mai 2003 *Joseph Cardinal Ratzinger*

Beim Fest „Katholische Integrierte Gemeinde – 50 Jahre unterwegs" am 10. Oktober 1999 feierte Kardinal Joseph Ratzinger in St. Peter von Frascati den Festgottesdienst in Konzelebration mit Kardinal Johannes Joachim Degenhardt und Bischof Giuseppe Matarrese; bei der Homilie.

Beim Empfang nach dem Festgottesdienst vor der alten Villa im Freien: Kardinal Joseph Ratzinger, Giuseppe Matarrese, Bischof von Frascati, und Kardinal Johannes J. Degenhardt, Erzbischof von Paderborn

Beim Mahl (v.l.n.r.): Traudl Wallbrecher, Dr. Amnon Shapira (Israel), Don Alessandro Perego (Italien), Dr. Chaim Seeligmann (Israel), Giuseppe Matarrese und (unten) Kardinal Johannes Joachim Degenhardt

»Das Ich des Credo ist die Kirche«

Aus Schriften von Kardinal Joseph Ratzinger

Dieses dem Namen nach christliche Europa ist seit rund vierhundert Jahren zur Geburtsstätte eines neuen Heidentums geworden, das im Herzen der Kirche selbst unaufhaltsam wächst und sie von innen her auszuhöhlen droht. Das Erscheinungsbild der Kirche der Neuzeit ist wesentlich davon bestimmt, dass sie auf eine ganz neue Weise Kirche der Heiden geworden ist und noch immer mehr wird: nicht mehr wie einst Kirche aus den Heiden, die zu Christen geworden sind, sondern Kirche von Heiden, die sich noch Christen nennen, aber in Wahrheit zu Heiden wurden. Das Heidentum sitzt heute in der Kirche selbst.

Es wird der Kirche auf die Dauer nicht erspart bleiben, Stück um Stück von dem Schein ihrer Deckung mit der Welt abbauen zu müssen und wieder das zu werden, was sie ist: Gemeinschaft der Glaubenden. Tatsächlich wird ihre missionarische Kraft durch solche äußere Verluste nur wachsen können: Nur wenn sie aufhört, eine billige Selbstverständlichkeit zu sein, nur wenn sie anfängt, sich selbst wieder als das darzustellen, was sie ist, wird sie das Ohr der neuen Heiden mit ihrer Botschaft wieder zu erreichen vermögen.

Die neuen Heiden und die Kirche, in: Hochland 51 (1958) 1.5

Die Frage, was eigentlich Inhalt und Sinn christlichen Glaubens ist, ist heute von einem Nebel der Ungewissheit umgeben wie kaum irgendwann zuvor in der Geschichte. Wer die theologische Bewegung des letzten Jahrzehnts beobachtet hat und nicht zu jenen Gedankenlosen gehört, die das Neue unbesehen jederzeit auch schon für das Bessere halten, könnte sich wohl dabei an die Geschichte vom »Hans im Glück« erinnert fühlen: Den Goldklumpen, der ihm zu mühsam und schwer war, vertauschte er der Reihe nach, um es bequemer zu haben, für ein Pferd, für eine Kuh, für eine Gans, für einen Schleifstein, den er endlich ins Wasser warf, ohne noch viel zu verlieren.

Hat unsere Theologie in den letzten Jahren sich nicht vielfach auf einen ähnlichen Weg begeben? Hat sie nicht den Anspruch des Glaubens, den man allzu drückend empfand, stufenweise herunterinterpretiert, immer nur ein wenig, dass nichts Wichtiges verloren schien, und doch immer so viel, dass man bald darauf den nächsten Schritt wagen konnte? Und wird der arme Hans, der Christ, der vertrauensvoll sich von Tausch zu Tausch, von Interpretation zu Interpretation führen ließ, nicht wirklich bald statt des Goldes, mit dem er begann, nur noch einen Schleifstein in Händen halten, den wegzuwerfen man ihm getrost zuraten darf?

Einführung in das Christentum (1968), Vorwort

Deswegen ist Theologie ein eigentümlich christliches Phänomen: Die östlichen Religionen hatten Religionsphilosophie hervorgerufen, in der die religiösen Symbole geistig geklärt und aufgeklärt werden. Theologie ist demgegenüber etwas anderes: eine Rationalität, die im Glauben selbst bleibt und den eigenen Zusammenhang des Glaubens entwickelt. Von da aus erklärt sich auch das eigentümliche Phänomen, dass der christliche Glaube in der Zeit seiner Entstehung seine Verbündeten nicht etwa in den anderen Religionen, sondern in der großen Philosophie der Griechen gefunden hat.

Zum Akt des Glaubens gehört von seiner Grundstruktur her die Einfügung in die Kirche, das Gemeinsame des miteinander Verbindenden und Verbindlichen. In die Glaubensgemeinschaft eintreten heißt in die Lebensgemeinschaft eintreten und umgekehrt. Diese Lebensgemeinschaft ist nicht durch historische Auslegung ersetzbar oder überholbar; sie geht in ihrer inneren Rangordnung dem Buch voraus. Das Wort des Glaubens setzt von sich aus die Gemeinschaft voraus, die es lebt, die sich daran bindet und es selbst in seiner Verbindlichkeit für den Menschen festhält. Die Gemeinschaft des Glaubens ist ein Raum des Verstehens, der durch die historische Wissenschaft nicht aufgehoben wird.

Theologische Prinzipienlehre (1982) 344.346.347

Katholische Theologie weiß sich auf festem biblischem Grund, wenn sie Gottes erleuchtendes und rettendes Handeln nicht so ausschließlich auf den Einzelnen und sein Gewissen bezieht, sondern Gott gerade auch durch den *Leib* Christi handeln weiß. Nichts berechtigt uns nach meiner Überzeugung, alles Gemeinschaftliche ins bloß Menschliche zu verweisen und Gottes eigenes Handeln allein auf das innere Berührtwerden der einzelnen Erwählten durch ihn zu begrenzen. Ganz im Gegenteil: Göttliches Handeln ist immer gott-*menschliches* Handeln, also durch einen anderen *Menschen* (den Gott-Menschen Jesus Christus und seine Leiblichkeit) vermitteltes Handeln. Die Erleuchtung besteht eben darin, dass ich nicht mehr allein mit einem fernen Gott bin, sondern im Leib Christi mitlebend den Grund aller Wirklichkeit selbst berühre, weil er mein eigener Lebensgrund geworden ist. Die Erleuchtung ist zugleich Rettung; weil sie mich verwandelt, darum sehe ich nun auch neu. Und sie verwandelt mich, indem sie mir mein Ich im Wir der Gemeinschaft der Heiligen neu zurückgibt. Das »Ich« des »Ich glaube« ist nicht mein altes, in sich verschlossenes Ich; es ist das Ich der »anima ecclesiastica«, oder das heißt das Ich des Menschen, in dem sich die ganze Gemeinschaft der Kirche ausspricht, mit der er lebt, die in ihm lebt und von der er lebt.

Kirche, Ökumene, Politik (1987) 120f

Dieser Glaube ist seinem Wesen nach ein Prozess der Versammlung. Ihn annehmen heißt: sich versammeln lassen. Heißt: Kirche werden, denn das Wort Ecclesia bedeutet von seinem Wort- wie von seinem Sachsinn her eben dies: Versammlung.

Wir können das Gleiche auch von der anderen Grundbenennung der Kirche her zeigen: Leib Christi. Glaube heißt, aus der Isolierung der eigenen Existenz heraustreten und mit Christus »ein Leib« werden, d. h. eine Existenzeinheit mit ihm. Und dies bedeutet immer: Existenzeinheit all derer, die »ein Leib« geworden sind. Dieser »Leib« ist allein die Stätte seines »Geistes«. Er ist das Subjekt des Wortes.

Die Kirche ist nicht das Wort, sie ist der Ort, an dem das Wort wohnt und in dem es lebt. Das aber heißt, dass sie verpflichtet ist, wirklich Lebens-raum und nicht Sterbe-raum des Wortes zu sein. Sie darf das Wort nicht in das Gerede des Man, nicht in die Parolen der wechselnden Zeiten versinken lassen, sondern muss es in seiner unverwechselbaren Identität wahren. Aber damit es gewahrt wird, muss sie es leben, muss sie es leiden. Sie muss die vitalen Kräfte einer Zeit unter das Gericht dieses Wortes stellen, aber sie muss ebenso dem Wort neues Leben, menschliches Fleisch und Blut zur Verfügung stellen.

Dogma und Verkündigung (1973) 21.23

Das Wort lebt und wächst in der Kirche im Zusammenspiel von Verkündigung, betendem Aufnehmen und täglichem Ausleben und Ausleiden des Wortes. Was es heißt, was es in Wirklichkeit ist, wird erst erkennbar, indem immer neue Situationen menschlichen Lebens und menschlicher Geschichte in dieses Wort hineingehalten werden; indem Menschen ihm den Stoff ihres Lebens zur Verfügung stellen; indem sie es betend, kämpfend, liebend, leidend, gleichsam wiederkauen und so immer neu entdecken. Die Verkündigung bliebe ohne diesen Prozess des Lebens mit dem Wort leere Wortkulisse; sie ist dazu da, dass der Sauerteig eindringt und seine Kraft beweist.

Aber umgekehrt bleibt das Wort Gottes dem Menschen immer voraus und immer gegenüber: Wie oft und wie tief es auch eingesenkt wird in ihn, es ist nie einfach sein eigen geworden, es bleibt auch in ihm über ihm.

Theologische Prinzipienlehre (1982) 246

Die christliche Predigt erzählt nicht bloß Geschichten, sondern sie verkündigt als solche eine Geschichte, nämlich die Geschichte Gottes mit den Menschen, den Prozess des transitus, des heiligen Übergangs, der mit dem Ruf Gottes an Abraham begonnen hat: „Zieh heraus aus deiner Heimat, aus deiner Verwandtschaft und aus deinem Vaterhaus in ein Land, das ich dir zeigen werde" (Gen 12,1) und dessen Vollgestalt die Kirche ist. Geschichten sind in der christlichen Predigt nicht bloß Ornament für eine ungeschichtliche Lehre, sondern der Kern selber ist Geschichte. Damit ist dann auch klar, welche Art Geschichte der Prediger primär zu erzählen hat. Das große Geschichtenbuch Gottes, das Alte und Neue Testament, ist seine erste Quelle, auch wenn er Geschichten sucht. Im Alten Testament steht immer noch ein unerschöpfter und unerschöpflicher Reichtum an Geschichten, die der Prediger auszulegen hat als Teil jener einzigen Geschichte, die den Menschen von Gott her in Jesus Christus widerfährt. Da aber die ganze Kirche ein Teil dieser realen Geschichte ist, kann der Prediger auch immer wieder aus dem reichen Schatz des Lebens der Heiligen schöpfen, in dem Geschichte beispielhaft Gestalt gewinnt.

Christozentrische Verkündigung ist heilsgeschichtliche Verkündigung auf dem Hintergrund des Handelns Gottes an seinen Heiligen von Abraham bis auf den heutigen Tag.

Dogma und Verkündigung (1973) 60f

Die Existenzweise des Auferstandenen ist in der Bildsprache der alten Symbole das »Sitzen zur Rechten des Vaters«, d.h. Teilhabe an der königlichen Macht Gottes über die Geschichte, die auch in der Verborgenheit wirklich ist. So ist der erhöhte Christus nicht »entweltlicht«, sondern weltüberlegen und darin auf die Welt bezogen. »Himmel« bedeutet Teilhabe an dieser Existenzform Christi und so wiederum Vollendung dessen, was mit der Taufe beginnt. Der Himmel kann deshalb nicht räumlich bestimmt werden, weder außerhalb noch innerhalb unseres Raumgefüges, aber er kann auch nicht einfach als »Zustand« vom Zusammenhang des Kosmos abgelöst werden. Vielmehr bedeutet er jene Weltmächtigkeit, die dem neuen »Raum« des Leibes Christi – der Communio der Heiligen – zukommt. So ist Himmel nicht räumlich, sondern essentiell »oben«. Von da aus ist Recht und Grenze der überlieferten Bildwörter zu bestimmen: Sie bleiben wahr, wenn sie die Überlegenheit, die Freiheit von den Zwängen der Welt und die weltbezogene Macht der Liebe darstellen. Sie werden falsch, wenn sie den »Himmel« gänzlich aus der Welt ausgrenzen oder ihn auf irgendeine Art, als oberstes Stockwerk etwa, in sie eingrenzen. Die Schrift hat durch die Ankündigung eines *neuen* Himmels und einer *neuen* Erde deutlich gemacht, dass die gesamte Schöpfung dazu bestimmt ist, Gefäß göttlicher Herrlichkeit zu werden.

Eschatologie – Tod und ewiges Leben (1974) 192f

Im Oktober 1995 beim ersten Besuch der gerade erst erworbenen Villa Cavalletti mit Dr. Ludwig Weimer und Dr. Bernhard Anderl

»Es reicht ihm (Gott) nicht aus, die Schöpfung geschaffen und hingestellt zu haben. Er will sie hineinziehen in das Einssein mit dem lebendigen Gott, mit sich selber. Hochzeit soll sein zwischen Schöpfer und Geschöpf, so dass sie eins werden, Gott alles in allem ist und alle in Gott sind. Alles soll Reich Gottes werden. Die ganze Geschichte geht auf diese Hochzeit, auf die Menschwerdung des Sohnes zu, in der er die Kreatur eins macht mit sich selber. Und von jenem Augenblick an breitet sie sich immer weiter aus, damit alles in die Menschwerdung hineingenommen sei und so in das Gottsein, in die Einheit mit ihm selber.

Der König will Hochzeit machen und lädt dazu ein, zieht uns in sie hinein.

Den Ersten von Ihnen ist vor 50 Jahren die Faszination dieser Einladung und mit ihr ein Funke der Freude ins Herz gefallen; ein Funke der Hoffnung, der zum Auftrag wurde und der Sie auf den Weg gebracht hat zu diesem Fest Gottes hin. Daraus ist Integrierte Gemeinde gewachsen, die ja nichts anderes sein will und sein soll als Weggemeinschaft, im großen Ganzen der Weggemeinschaft der Kirche, hin zum Reich Gottes, zur Hochzeit des Sohnes.

Dafür danken wir in dieser Stunde, dass der Funke Sie getroffen hat. Und wir bitten den Herrn, dass er uns neu auf den Weg bringt und uns immer neu den Weg zeigt.«

Aus der Homilie beim Gottesdienst im Dom zu Frascati am 10. Oktober 1999 zum Fest „K.I.G. – 50 Jahre unterwegs“

Geführt und begleitet von Joseph Schele und Traudl Wallbrecher